Matthias Mager

Web Content Management Systeme. Auswahlkriterien und Marktübersicht

GRIN Verlag

Bibliografische Information der Deutschen Nationalbibliothek:

Die Deutsche Bibliothek verzeichnet diese Publikation in der Deutschen National-
bibliografie; detaillierte bibliografische Daten sind im Internet über http://dnb.d-
nb.de/ abrufbar.

Impressum:

Copyright © 2007 GRIN Verlag GmbH
Druck und Bindung: Books on Demand GmbH, Norderstedt Germany
ISBN: 978-3-638-91849-7

Dieses Buch bei GRIN:

http://www.grin.com/de/e-book/87013/web-content-management-systeme-auswahl-
kriterien-und-marktuebersicht

GRIN - Your knowledge has value

Der GRIN Verlag publiziert seit 1998 wissenschaftliche Arbeiten von Studenten, Hochschullehrern und anderen Akademikern als eBook und gedrucktes Buch. Die Verlagswebsite www.grin.com ist die ideale Plattform zur Veröffentlichung von Hausarbeiten, Abschlussarbeiten, wissenschaftlichen Aufsätzen, Dissertationen und Fachbüchern.

Besuchen Sie uns im Internet:

http://www.grin.com/

http://www.facebook.com/grincom

http://www.twitter.com/grin_com

HfWU Nürtingen-Geislingen
Sommersemester 2007
Studiengang Immobilienwirtschaft

Hauptseminar Informationsmanagement
Seminararbeit zum Thema

Web Content Management Systeme

Auswahlkriterien und Marktübersicht

Datum der Abgabe: 23.03.2007
Verfasser:

Matthias Mager

1. Inhalt

Abkürzungsverzeichnis

ERP: enterprise resource planning

FAQ: frequently asked questions

FTP: file transfer protocol

IT: Informationstechnik / Information und Telekommunikation

KMU: kleine & mittlere Unternehmen

PDA: personal digital assistant

WAP: wireless application protocol

WCMS: Web Content Management System

WYSIWYG: what you see is what you get

1. Einleitung

In der heutigen Zeit kommt kein Unternehmen, egal ob KMU oder Großkonzern, nicht mehr ohne eine eigene Website aus. Auf einer Firmenwebsite sollten allerdings nicht nur statische Informationen angezeigt werden, sondern der Besucher der Homepage sollte immer aktuelle Informationen und Angebote des Unternehmens vorfinden. So möchte der Website-Besucher auf der Homepage eines Immobilienmaklers nicht die Objekte finden, die vor zwei Jahren zum Verkauf standen, sondern er möchte sehen, was aktuell verkauft wird.

Gerade bei kleinen Unternehmen, die oft nicht über eine eigene IT-Abteilung verfügen und das Computerwissen der Mitarbeiter nicht über die gängigen Office-Anwendungen hinausragt ist es schwierig die eigene Homepage ohne fremde, und dadurch sehr kostspielige, Hilfe aktuell und damit interessant zu halten.

Bei großen Unternehmen und Konzernen, sind die Websites meistens so groß und umfangreich, dass die IT-Abteilung ausschließlich damit beschäftigt wäre die Seite aktuell zu halten, wenn jede Aktualisierung über die IT-Fachleute neu einprogrammiert werden müsste.

Man müsste also eine Software haben um die Website zu aktualisieren, mit der jeder Mitarbeiter nach einer kurzen Schulung problemlos umgehen könnte und so den Bereich der Website für den er zuständig ist selbst aktuell halten könnte.

Genau zu diesem Zweck werden so genannte Web Content Management Systeme eingesetzt. Diese sollen im Folgenden näher betrachtet und vorgestellt werden. Der Markt für WCMS ist riesig und verschwimmt auch stark mit dem Markt von Content Management Systemen und Enterprise Content Management Systemen, was man bei nachfolgender Betrachtung immer bedenken sollte.

2. Definitionen

2.1 Web

In diesem Zusammenhang sind mit „Web" die drei möglichen Anwendungsformen der Internettechnologien gemeint, nämlich Internet, Intranet und Extranet. Zum besseren Verständnis sollten diese drei Begriffe kurz näher betrachtet werden:

Internet: Angebote, die im Internet veröffentlicht werden sind zum größten Teil öffentlich zugänglich und für alle Nutzer des Internets gedacht.

Intranet: Im Gegensatz zum Internet sind die Angebote im Intranet nur für eine bestimmte Zielgruppe bestimmt, z.B. die Mitarbeiter eines Unternehmens. Die Mitarbeiter finden hier z.B. unternehmensinterne Mitteilungen oder verschiedene Formulare und Mustertexte zum Download.

Extranet: Ein Extranet ist im Prinzip gleich wie ein Intranet, nur spricht es eine größere Zielgruppe an. So können auf ein Extranet z.B. auch Geschäftspartner oder Kunden zugreifen.

Ein WCMS kann auf jeder dieser drei Plattformen betrieben werden.[1]

2.2 Content

Als Content (engl.: Inhalt) bezeichnet man sämtliche Inhalte von elektronischen Medien, insbesondere neue Medien.

In Verbindung mit dem Web kann Content in verschiedensten Formen vorliegen, z.B. als Text oder in Form von Bilder, Videos, etc. [2]

Content kann in vier verschiedenen Verwendungsformen aufgeteilt werden:

- Statischer Content wird nach der Erstellung nicht mehr verändert (z.B. Gesetzestexte, Impressum, Produktdokumentationen)

- Dynamischer Content ist veränderlich und besitzt einen hohen Grad an Aktualität (z.B. Preisangebote, Tarifrechner, Newsticker, Gästebücher, Foren)

- Interaktiver Content gibt in erster Linie Anregungen zum Handeln (z.B. Umfragen, Formulare, Rechner)

- Informativer Content bietet Inhalte zum Nachschlagen und Lernen (z.B. Lexika, Themenberichte, FAQs)[3]

---

[1] Zschau, Oliver; Traub, Dennis; Zahradka, Rik: Web Content Management, S. 69
[2] http://de.wikipedia.org/wiki/Content
[3] Malzahn, Sven: Was ist Content?

5

2.3 Management

„Management" bezieht sich auf die Erstellung, die Bearbeitung, die Verwaltung, die Publikation und die Archivierung des Contents, also auf die „die gesamte Verwaltung und Abbildung des Workflows rund um alle inhaltsbezogenen Operationen"[4].

2.4 System

„System bezeichnet ein Gebilde, dessen wesentliche Elemente (Teile) so aufeinander bezogen sind und in einer Weise wechselwirken dass sie (aus einer übergeordneten Sicht heraus) als aufgaben-, sinn- oder zweckgebundene Einheit (d.h. als Ganzes) angesehen werden (können) und sich in dieser Hinsicht gegenüber der sie umgebenden Umwelt auch abgrenzen."[5]

3. Web Content Management Systeme

Zum besseren Verständnis dieses Kapitels muss angemerkt werden, dass die Funktionen, Einsatzgebiete, Vor- und Nachteile von WCMS sehr stark vom gewählten System abhängig sind. Deshalb werden hier nur die allgemein gültigen Gegebenheiten erwähnt.

3.1 Funktionen und Einsatzgebiete

Ein WCMS dient in erster Linie dazu, das Veröffentlichen von Inhalten auf einer Website deutlich zu vereinfachen und auch für Mitarbeiter ohne Programmierkenntnisse zu ermöglichen. Dies wird durch die Trennung von Layout und Inhalt erreicht. Das Layout wird über Vorlagen, sogenannte Templates, erstellt. So brauchen die Mitarbeiter, die für den Inhalt verantwortlich sind keinerlei HTML-Wissen um eine Seite zu erstellen oder zu pflegen. Der Mitarbeiter muss innerhalb des Contents nur die verschiedenen Bausteine definieren, z.B. Überschrift – Text - Bild. Auf diese Weise kann der Inhalt genau der Vorlage entsprechend in die Website eingearbeitet werden und auch für andere Ausgabegeräte problemlos aufbereitet werden.
Weiter besitzt ein WCMS die Funktion verschiedenen Regeln zu definieren, z.B. dass ein Mitarbeiter nur die Seiten bearbeiten kann, für die er zuständig ist, oder dass vor der Publikation eines Inhalts zuerst noch der Abteilungsleiter seine Zustimmung geben muss.

---

[4] Zschau, Oliver; Traub, Dennis; Zahradka, Rik: Web Content Management, S. 70
[5] http://de.wikipedia.org/wiki/System

Ein WCMS kann im Prinzip für jede Website eingesetzt werden, jedoch sind einige Szenarien besonders prädestiniert für den Einsatz eines WCMS:

- Sehr kurze Lebensdauer der bereitgestellten Informationen (z.B. in News-Diensten)
- Große Menge an bereitgestellten Informationen
- Große Anzahl von Autoren
- Vergabe von Zugriffsrechten / Personalisierte Anzeige von Informationen
- Geringe Fachkenntnisse der Autoren im Publikationsumfeld
- Anzeige auf verschiedenen Ausgabegeräten (WAP, PDAs u.ä.)[6]

3.2 Vorteile eines WCMS

Folgende Vorteile ergeben sich durch den Einsatz eines WCMS:

- Kosten: Im Gegensatz zu einer Website, die ohne WCMS gepflegt wird steigen die Kosten mit WCMS nicht exponentiell sondern linear zu der Anzahl der verwalteten Seiten.
- Entlastung des Webmasters: Da die Inhalte direkt von den Autoren in die Website eingepflegt werden können, sinkt die Belastung für den Webmaster.
- Steigerung der Aktualität und Qualität: Da die Inhalte keine Umwege mehr über den Webmaster nehmen müssen, steigt die Aktualität. Durch problemloses Ausbessern von kleinen Fehlern ergibt sich auch eine Steigerung der Qualität.
- Automatisierung von Aufgaben: WCMS können einige Aufgaben automatisiert übernehmen, z.B. die Aktualisierung von bestimmten Seiten, wie Sitemaps etc.
- Trennung von Inhalt und Darstellung: Der wohl größte und wichtigste Vorteil eines WCMS ist die Trennung von Inhalt und Darstellung. Auf diese Weise können Autoren ohne Programmierkenntnisse trotzdem Inhalte direkt in die Website einpflegen und bearbeiten. Das Layout wird über einen zentrale Vorlage gegeben, was auch eine Veränderung des Designs der kompletten Website deutlich vereinfacht.
- Dezentrale Bearbeitung und Pflege: Da ein WCMS eine webbasierte Anwendung ist, kann die Website von jedem Computer, der über einen Internetzugang verfügt aus bearbeitet werden, ausser dem Webbrowser sind keine weiteren Programme nötig.

- Cross-Media Publishing: Dadurch, dass der Inhalt getrennt vom Layout abgespeichert wird, ist des möglich diesen Inhalt für verschiedene Ausgabetypen (z.B. PDA, WAP, etc.) aufzubereiten.[7]

3.3 Nachteile von WCMS

Neben den genannten Vorteilen, hat auch der Einsatz eines WCMS seine Nachteile:

- Die Autoren verlieren Ihren gestalterischen Freiraum
- Der Funktionsumfang von WCMS ist sehr viel kleiner als bei z.B. Dreamweaver oder Microsoft Frontpage.
- Einzelne punktuelle Modifikationen erfordern ein größeres Know-How.[8]

4. Auswahlkriterien

Auswahlkriterien für WCMS müssen je nach Einsatzgebiet des Systems unterschiedlich gewichtet und betrachtet werden. Nachfolgend sollen die wichtigsten Kriterien kurz erläutert werden.

4.1 Typen

WCMS können in verschiedenen Typen aufgeteilt werden, die sich jeweils anhand der Art der Bedienung unterscheiden lassen:

- Clientseitiges WCMS: Bei einem clientseitigen WCMS ist es nötig eine Software auf einem Rechner zu installieren, über die dann die Website gepflegt wird. Nachdem die Website wie gewünscht geändert wurde, werden die Änderungen über ein geeignetes Medium (meistens FTP) auf den Server geladen. Der große Nachteil bei einem clientseitigen WCMS liegt darin, dass die Site nur von diesem einen Rechner auf dem die Software installiert ist bearbeitet werden kann. Vorteile von clientseitigen WCMS sind z.B. die meist umfangreicheren Bearbeitungs- und Layoutmöglichkeiten, außerdem ist die Bearbeitung von großen Animationen und Videos auf einem lokalen Rechner deutlich schneller als über das WWW[9].
- Serverseitiges WCMS: Die Bearbeitung einer Website erfolgt bei einem serverseitigen WCMS direkt über den Webbrowser, was die Bearbeitung standortunabhängig macht. Allerdings ist hier eine serverseitige Programmiersprache

---

[6] Krüger, Jörg Dennis; Kopp, Matthias: Web Content managen, S. 29ff
[7] http://www.bwallmeyer.de/mainsite/index.php?option=com_content&task=view&id=23& Itemid=49
[8] Korosec, Wolfgang: Web Content Management mit Zope und Silva, S. 10
[9] Pansch, Christian: Typen von Content Management Systemen

(meistens PHP) sowie eine Datenbank (z.B. MySQL) zwingend notwendig um die Funktionalität des WCMS zu gewährleisten. Neben der Unabhängigkeit vom Standort liegt ein großer Vorteil in der Verwaltung der Benutzer, die von den meisten serverseitigen WCMS angeboten wird. Dadurch können dein einzelnen Usern des WCMS verschiedene Berechtigungen zugeteilt werden. Dies macht die serverseitigen WCMS sowohl für kleine und mittlere, als auch für große Websites sehr interessant[10].

4.2 Zeit am Markt

Viele Systeme, die schon lange am Markt sind, wurden ständig getestet und weiterentwickelt. Diese Weiterentwicklungen erfolgten durch die gesammelten Erfahrungen aus der Praxis, was diese Systeme immer stärker praxistauglich gemacht hat.

Andere Systeme wurden zwar intensiv, mit Hilfe von Marktanalysen etc. geplant, jedoch fehlen dort Praxiserfahrungen.

Ausserdem gibt noch eine Menge kleine neue Systeme, die für kleinere Projekte sehr interessant sein können, nicht jedoch für große Installationen, da dies von den meist kleinen Firmen noch nicht bewerkstelligt werden kann, da erst noch Erfahrung gesammelt werden muss.

4.3 Programmierinterface/API

Ein API (für engl. application programming interface, deutsch: Schnittstelle zur Anwendungsprogrammierung) ist von großer Bedeutung für moderne Websites. Heutzutage sind Website weit mehr als die reine Darstellung und Präsentation eines Unternehmens. Die Website bzw. das Intra- oder Extranet werden mit der ERP-Software des Unternehmens verbunden um dem Besucher der Seite möglichst aktuelle Informationen zur Verfügung zu stellen.

Die meisten Anbieter bieten die Möglichkeit fremde Anwendungen über CGI einzubinden, was allerdings keinem echten API entspricht, daher sollte immer genau hinterfragt werden was der Anbieter unter API versteht. „Optimal ist es, wenn der Anbieter Programmbibliotheken für gängige Programmiersprachen (C++, Java) anbietet, welche in eigene Programme eingebunden werden können und den Zugriff auf möglichst alle internen Funktionalitäten des WCMS erlauben."[11]

---

[10] Pansch, Christian: Typen von Content Management Systemen
[11] Krüger, Jörg Dennis; Kopp, Matthias: Web Content managen, S. 42

4.4 Rechteverwaltung

Wie weiter oben bereits erwähnt ist es bei serverseitigen WCMS möglich den einzelnen Usern bestimmte Berechtigungen zu geben. Die Vielfalt dieser Berechtigungsmöglichkeiten kann sich extrem stark von WCMS zu WCMS unterscheiden.

Das Minimum an Berechtigungsmöglichkeiten ist der reine Zugriff auf das WCMS, ohne dass einzelne spezifische Bereich für den Benutzer gesondert gesperrt oder frei geschalten werden können.

Im Gegensatz hierzu gibt es aber auch WCMS bei denen jedes Element (jedes Bild, jeder Text, etc.) Rechte vergeben werden können, z.B. das Recht zur Erstellung, Bearbeitung, Änderung, usw. eines Elements.

Die meisten WCMS liegen irgendwo dazwischen, was es nötig macht, diesen Punkt besonders gut zu testen, bevor man sich für ein System entscheidet. Hat man zu viele Rechte, als man eigentlich benötigt, führt dies zu einem hohen administrativen Aufwand, hat man hingegen zu wenig Möglichkeiten der Rechteverwaltung kann sich dies negativ auf den Betrieb der Website auswirken.[12]

4.5 Freigabeverfahren

Als Freigabeverfahren wird ein Verfahren bezeichnet, bei dem Inhalte nicht sofort nach der Erstellung eines Mitarbeiters veröffentlicht werden, sondern erst noch von einem oder mehreren Kollegen oder Vorgesetzten freigegeben werden müssen. Dies dient der Qualitätssicherung und nochmaliger Überprüfung der Inhalte.

Man unterscheidet zwischen zwei verschiedenen Freigabeverfahren: parallel oder linear.

Beim linearen Freigabeverfahren werden die freigabeberechtigten Personen nacheinander in einer genau festgelegten Kette befragt. Erst wenn eine Person die Freigabe erteilt hat, wird der Nächste in der Kette um die Freigabe gebeten. Ein Problem tut sich hier auf, wenn eine Person der Kette verhindert ist, weil sie z.B. im Urlaub ist. Dies kann den Freigabeprozess enorm verzögern und somit Qualitätseinbußen für die Website bedeuten. Sollte man sich für ein solches lineares Freigabeverfahren entscheiden, muss man darauf achten, dass es automatisierte Prozesse gibt, wenn eine Freigabe z.B. über eine bestimmte Zeit nicht erteilt wird. Ein solcher Prozess könnte etwa sein, dass der Vertreter der jeweiligen Person benachrichtigt wird.

---

[12] Krüger, Jörg Dennis; Kopp, Matthias: Web Content managen, S. 43

10

Weitaus flexibler ist das parallele Freigabeverfahren. Hier ist es z.B. auch möglich das Verfahren so einzurichten, dass die Freigabe einer Person von mehreren Freigabeberechtigten ausreicht um die Freigabe zu erteilen.

4.6 Datenbanken

Bei Datenbanken im Zusammenhang mit WCMS muss darauf geachtet werden, von welcher Datenbank gesprochen wird. Zum einen gibt es die interne Datenbank, in der die Daten der Website gespeichert sind, zum anderen gibt es externe Datenbanken, auf die das WCMS zugreifen können sollte.

Bei der internen Datenbank arbeiten viele Systeme mit so genannten proprietären Flatfile-Systemen, die die Daten einfach in das Dateisystem speichern und zur Verwaltung proprietäre Datentabellen anlegen. Durch diese Technik bleiben die Kosten und der Hardware-Aufwand relativ gering, jedoch kann auf die Daten nur durch das jeweilige System strukturiert zugegriffen werden.

Besser ist es ein System zu wählen, welches mit professionellen Datenbanken wie der Oracle DB oder dem Microsoft SQL-Server arbeiten. Diese Systeme haben den Vorteil, dass sie auch große Datenmengen zuverlässig speichern und mit Hilfe von Softwareprodukten auch problemlos sichern und archivieren.

Wenn man von der externen Datenbank spricht, kann dies z.B. die Datenbank mit den Lagerbeständen sein über die dann auf einer Website z.B. angezeigt werden kann ob ein Artikel sofort lieferbar ist, oder nicht. Hierfür sollte das WCMS ODBC- und JDBC-kompatible Datenbanken anfragen können. Am besten sollten für die Abfrage der Datenbanken bereits fertige Routinen existieren. Bei der Funktionalität der Integrierung von externen Datenbanken sollten keine Abstriche gemacht werden, da diese sehr häufig verwendet wird.[13]

4.7 Suchmaschine

Für einen guten Webauftritt ist es unerlässlich eine funktionierende Suchmaschine zu integrieren. Insbesondere bei großen Websites ist dies ein Tool, das es dem Besucher um einiges erleichtert die gewünschten Informationen zu finden.

Die Standardsuchfunktion durchsucht die vorliegenden Text- und HTML-Dateien 1:1 nach dem eingegebenen Suchbegriff.

---

[13] Krüger, Jörg Dennis; Kopp, Matthias: Web Content managen, S. 45 f

Daneben gibt es aber auch noch Suchmaschinen die um einiges effektiver suchen und auch PDF und Office-Dokumente durchsuchen können. Um solche Suchfunktionen in die Seite einbinden zu können muss das WCMS entweder über entsprechende Funktionen beinhalten oder über offene Schnittstellen zur Einbindung der entsprechenden Systeme anbieten.[14]

4.8 Beratung und Schulung

Neben den technischen Faktoren ist es auch wichtig sich über Beratungs- und Schulungsleistungen zu einem WCMS zu informieren.

Beratung kann entweder direkt durch das Unternehmen, welches das WCMS anbietet oder durch externe Berater erfolgen. Der Vorteil bei der Beratung durch den Produkthersteller ist, dass diese direkten Kontakt zu den Softwareentwicklern haben und so für evtl. auftretende Probleme schnell Lösungen gefunden oder entwickelt werden können. Externe Berater haben hingegen den Vorteil, dass sie bei Problemen nicht davor zurückschrecken Fehler im Produkt aufzuzeigen oder den Einsatz von Fremdprodukten zu empfehlen.

Bei der Einführung eines WCMS müssen selbstverständlich alle Mitarbeiter, die mit dem System arbeiten werden optimal auf diese Tätigkeit vorbereitet werden. Hierzu sollte vom Produktanbieter Schulungen angeboten werden. Empfehlenswert ist es auch, eine solche Schulung bereits vor dem Kauf des Produkts zu besuchen, weil man auf diese Weise das System live testen kann.[15]

4.9 Preis-Leistungs-Faktor

WCMS gibt es in den verschiedensten Preisklassen. Je nach Lizenzmodell und Funktionsumfang reichen die Kosten von Null bis hin zu mehreren Hunderttausend Euro.

Neben den Kosten für das System ist es wichtig, auch die Kosten für Beratung und Support zu vergleichen, da diese die Kosten des Systems teilweise noch übersteigen.[16]

---

[14] Krüger, Jörg Dennis; Kopp, Matthias: Web Content managen, S. 46
[15] Krüger, Jörg Dennis; Kopp, Matthias: Web Content managen, S. 50 f
[16] Krüger, Jörg Dennis; Kopp, Matthias: Web Content managen, S. 70 ff

5. Marktübersicht

Auf Grund der Fülle an am Markt verfügbaren WCMS kann nachfolgend nur eine sehr kleine Auswahl vorgestellt und näher betrachtet werden. Zur besseren Übersicht werden die Systeme in drei Kategorien aufgeteilt: Open-Source, ASP-Lizenz und Software-Lizenz.

Unter Open-Source versteht man eine Software, deren Quelltext offen lesbar ist und der auch von jeder beliebigen Person weiterentwickelt und verändert werden darf. Diese Software kann kostenlos aus dem Internet herunter geladen werden, Kosten entstehen hier allerdings für Beratung und spezielle Weiterentwicklungen[17].

Bei einer ASP-Lizenz wird das WCMS auf dem Server des Anbieters betrieben und gewartet, was den großen Vorteil hat, dass teure Hardware-Anschaffungen nicht getätigt werden müssen. Diese Lizenz wird üblicherweise für einen bestimmten Zeitraum gemietet.

Bei der Softwarelizenz entstehen Kosten einmalig Kosten für die Lizenz, die je nach Produkt entweder pro Arbeitsplatz, pro Website, etc. vergeben wird.

---

[17] Bundesamt für Sicherheit in der Informationstechnik: Fragen & Antworten zu Open Source Software

5.1 Open-Source

Produkt	Joomla![18]	Mambo[19]	OpenCMS[20]	TYPO3[21]
Systemvorrausetzungen				
Ungefähre Kosten	Gratis	Gratis	Gratis	Gratis
Datenbank	MySQL	MySQL	MySQL, PostGreSQL, Oracle, MSSQL	MySQL, PostGreSQL, Oracle, MSSQL
Lizenz	Open-Source	Open-Source	Open-Source	Open-Source
Betriebsystem	Jedes	Jedes	Jedes	Jedes
Programmiersprache	PHP	PHP	Java 1.3+	PHP
Sicherheit				
Bearbeitungsprotokoll	Nein	Nein	Ja	Ja
SSL kompatibel	Nein	Gratis Add-On	Ja	Ja
SSL Login	Nein	Ja	Ja	Ja
SSL Seiten	Nein	Gratis Add-On	Ja	Gratis Add-On
Support				
Handbücher	Ja	Ja	Ja	Ja
Support	Ja	Ja	Ja	Ja
Schulungen	Ja	Ja	Ja	Ja
Entwickler-Community	Ja	Ja	Ja	Ja
Online-Hilfe	Ja	Ja	Ja	Ja
API Erweiterungen	Ja	Ja	Ja	Ja

[18] http://www.joomla.org/
[19] http://www.mambo-foundation.com
[20] http://www.opencms.org
[21] http://www.typo3.org

Benutzerfreundlichkeit				
„Friendly URLs"	Ja	Ja	Ja	Ja
Rechtschreibprüfung	Nein	Ja	Gratis Add-On	Ja
WYSIWYG Editor	Ja	Ja	Ja	Ja
Management				
Statistiken	Ja	Ja	Nein	Gratis Add-On
Workflow Management	Nein	Nein	Mit Extrakosten	Begrenzt

5.2 ASP-Lizenz

Produkt	Aiyoota!-CMS[22]	ContentX[23]	Drow[24]	siteRocket[25]
Systemvorrausetzungen				
Ungefähre Kosten	ab 12,95€ / Monat	ab ca. 120€ / Jahr	ab 39,99€ / Monat	ab ca. 4€ / Monat
Datenbank	MySQL	PostgreSQL	Jede ODBC SQL Datenbank	MS SQL Server 2000
Lizenz	ASP-Lizenz	ASP-Lizenz	ASP-Lizenz	ASP-Lizenz
Betriebsystem	Jedes	Unix, Linux	Jedes	Jedes
Programmiersprache	PHP4.3+	Perl 5.6+	PHP4 oder 5	ColdFusion
Sicherheit				
Bearbeitungsprotokoll	Nein	Ja	Ja	Mit Extrakosten
SSL kompatibel	Nein	Ja	Ja	Ja
SSL Login	Nein	Ja	Ja	Ja
SSL Seiten	Nein	Ja	Ja	Ja
Support				
Handbücher	Nein	Ja	Nein	Nein
Support	Ja	Ja	Ja	Ja
Schulungen	Ja	Ja	Ja	Mit Extrakosten
Entwickler-Community	Nein	Nein	Nein	Nein
Online-Hilfe	Ja	Ja	Ja	Nein
API Erweiterungen	Nein	Ja	Mit Extrakos-	Nein

---

[22] http://www.aiyoota.com/

[23] http://www.contentx.ch

[24] http://www.drow.de/

[25] http://www.siterocket.net

			ten	
Benutzerfreundlichkeit				
„Friendly URLs"	Ja	Ja	Ja	Ja
Rechtschreibprüfung	Nein	Nein	Mit Extrakos-ten	Nein
WYSIWYG Editor	Ja	Ja	Ja	Ja
Management				
Statistiken	Ja	Ja	Ja	Ja
Workflow Management	Nein	Ja	Mit Extrakos-ten	Nein

5.3 Software-Lizenz

Produkt	K3CMS Pro[26]	Magenetic One: Site Management[27]	Noxum Publishing Studio[28]	omeco webcontent[29]
Systemvorrausetzungen				
Ungefähre Kosten	ab 3.000€	ab ca. 149€	Auf Anfrage	ab 699€
Datenbank	MySQL, PostGreSQL, Oracle, MSSQL	MySQL 4.0.3+	Oracle, MSSQL	MySQL
Lizenz	Software-Lizenz	Software-Lizenz	Software-Lizenz	Software-Lizenz
Betriebsystem	Linux, Windows	Jedes	Windows XP/2000/2003	Linux, Windows
Programmiersprache	PHP	PHP4	.net, XSLT, C#, ASP	PHP
Sicherheit				
Bearbeitungsprotokoll	Ja	Nein	Ja	Ja
SSL kompatibel	Ja	Nein	Ja	Ja
SSL Login	Ja	Nein	Ja	Ja
SSL Seiten	Ja	Nein	Ja	Ja
Support				
Handbücher	Ja	Nein	Begrenzt	Ja
Support	Ja	Ja	Mit Extrakosten	Ja
Schulungen	Ja	Nein	Mit Extrakosten	Ja

---

[26] http://www.k3cms.de
[27] http://www.magneticone.com/PAGE-58-magneticone-site-management-cms-content-management-section.html
[28] http://www.noxum.com/
[29] http://www.omeco.de/

Entwickler-Community	Ja	Nein	Nein	Nein
Online-Hilfe	Ja	Nein	Mit Extrakosten	Ja
API Erweiterungen	Ja	Nein	Mit Extrakosten	Ja
Benutzerfreundlichkeit				
„Friendly URLs"	Ja	Ja	Ja	Ja
Rechtschreibprüfung	Nein	Ja	Ja	Ja
WYSIWYG Editor	Ja	Ja	Begrenzt	Ja
Management				
Statistiken	Gratis Add-On	Ja	Mit Extrakosten	Mit Extrakosten
Workflow Management	Ja	Nein	Ja	Ja

6. Fazit

Man kann erkennen dass es für jedes Unternehmen mit eigener Homepage Sinn macht ein WCMS zu installieren um die eigene Website ständig aktuell zu halten. Jedoch sollte man sich viel Zeit für die Auswahl des richtigen Systems nehmen, da es sonst insbesondere im Hochpreissegment zu teuren Fehlinvestitionen kommen kann, wenn das System im Endeffekt doch nicht die erforderlichen Funktionen zur Verfügung stellt und man auf ein anderes System umstellen muss.

Auf den Funktionsumfang und die Benutzerfreundlichkeit sollte bei der Auswahl besonderen Wert gelegt werden und diese zwei Punkte sollten auch sehr ausführlich getestet werden.

Das Unternehmen hat durch die Installation eines WCMS den Vorteil, dass die Homepage wahrscheinlich stärker frequentiert wird, was den Bekanntheitsgrad des Unternehmens erhöht und das Unternehmen dort auch jederzeit die aktuellsten Entwicklungen und Angebote präsentieren kann, was vom Besucher der Seite als sehr positiv aufgenommen wird, im Gegensatz zu einer stark veralteten Homepage.

7. Glossar

Enterprise Content Management System	„Enterprise Content Management umfasst die nologien zur Erfassung, Verwaltung, Speicherung, Bewahrung und Bereitstellung von Content und kumenten zur Unterstützung von organisatorischen Prozessen."[30]
ERP-Software	„Enterprise Resource Planning - "Planung von ternehmensressourcen". ERP bezeichnet im meinen Softwarelösungen, die den schaftlichen Ablauf steuern und auswerten (Controlling). Bekanntester Vertreter ist derzeit wohl die Software SAP R/3."[31]
FTP	„Dateiübertragungsprotokoll, das auf TCP/IP basiert. FTP stellt sowohl ein Protokoll als auch ein gramm dar, das v.a. im Internet zum Dateiversand mit FTP-Servern benutzt wird."[32]
HTML	„HTML ist die Abkürzung für Hypertext Markup Language. Befehlssammlung oder einfache Sprache zur taltung von WWW-Seiten, ähnlich einer schreibungssprache. Damit ist HTML im Prinzip ne Programmiersprache."[33]
Sitemap	„Eine Webpage auf der alle Seiten des Internetauftrittes übersichtlich und strukturiert aufgelistet sind."[34]

---

[30] Vgl. http://www.computerbase.de/lexikon/Enterprise_Content_Management#Enterprise_ Content_Management_.28ECM.29
[31] Vgl. http://lexikon.martinvogel.de/erp.html
[32] Vgl. http://www.at-mix.de/ftp.htm
[33] Vgl. http://www.at-mix.de/html.htm
[34] Vgl. http://www.symweb.de/glossar/sitemap__178.htm

SSL	„Secure Socket Layer - ist ein Sicherungsprotokoll. SSL ist heute in jedem modernen Browser integriert. SSL nutzt ein symmetrisches Verschlüsselungsverfahren in einer Bitlänge von 40, 56 oder 128 Bit. SSL wird für Informationen benutzt, die zwar vertraulich aber nicht hoch brisant sind."[35]
Webbrowser	„Ein Webbrowser wird insbesondere zur Darstellung von WWW – Seiten benötigt. Der Browsergreift über die Zieladresse URL auf ein HTML-Dokument zu. Dabei müssen Sie nicht unbedingt Online sein, Sie können sich auch HTML-Seiten von Ihrer Festplatte anzeigen lassen. Webbrowser enthalten normalerweise zahlreiche eingebaute Zusatzprogramme, die beispielsweise auch Grafikformate oder Audioformate unterstützen."[36]
Website	„Mit Website wird ein kompletter Internet - Auftritt bezeichnet."[37]

---

[35] Vgl. http://www.at-mix.de/ssl.htm
[36] Vgl. http://www.at-mix.de/webbrowser.htm
[37] Vgl. http://www.at-mix.de/website.htm

WYSIWYG-Editor	„WYSIWYG ist die Abkürzung für das Prinzip What You See Is What You Get ("Was du siehst, das bekommst du auch."). Bei echtem WYSIWYG wird ein Dokument während der Bearbeitung am Bildschirm genauso angezeigt, wie es bei der Ausgabe über ein anderes Gerät, z.B. einen Drucker, aussieht. Der Begriff wurde zuerst Anfang der 80er im Zusammenhang mit Computer-Drucksatz-Systemen verwendet. In den 1990ern wurde der Begriff WYSIWYG durch zahlreiche Programme aufgeweicht, bei denen das ausgegebene Dokument nur noch so ähnlich aussieht, wie während der Bearbeitung. Insbesondere bei HTML-Editoren ist die Bezeichnung eigentlich gar nicht zulässig, da die Ausgabe einer HTML-Seite vom verwendeten Browser abhängt und deshalb von Betrachter zu Betrachter variieren kann. WYSIWYG wird neben den von Programmierern genutzten Editoren auch bei Redaktionssystemen und Content-Management-Systemen angewendet, um Redakteuren das Editieren von Webseiten auch ohne HTML-Kenntnissen zu ermöglichen."[38]

---

[38] Vgl. http://www.at-mix.de/wysiwyg.htm

8. Literaturverzeichnis

Zschau, Oliver; Traub, Dennis; Zahradka, Rik: Web Content Management, 2. Auflage, Galileo Press GmbH Bonn, 2002

Krüger, Jörg Dennis; Kopp, Matthias: Web Content managen, 1. Auflage, Markt+Technik Verlag München, 2002

Malzahn, Sven: Was ist Content?
  http://www.cm4u.net/index.php?topic=was_ist_content&bid_2
  Zugriffsdatum: 22.03.07

Korosec, Wolfgang: Web Content Management mit Zope und Silva
  http://www.cms.ethz.ch/docs/Zope_Silva_Sitemanager_Einfuehrung.pdf
  Zugriffsdatum: 22.03.2007

Pansch, Christian: Typen von Content Management Systemen
  http://www.christian-pansch.de/mein-wissen/rund-um-typo3-und-content-management-systeme/typen-von-content-management-systemen/
  Zugriffsdatum: 22.03.2007

Bundesamt für Sicherheit in der Informationstechnik: Fragen & Antworten zu Open Source Software
  http://www.bsi-fuer-buerger.de/opensource/11_02.htm
  Zugriffsdatum: 22.03.07

http://de.wikipedia.org/wiki/System
  Zugriffsdatum: 22.03.07

http://de.wikipedia.org/wiki/Content
  Zugriffsdatum: 22.03.07

http://www.bwallmeyer.de/mainsite/index.php?option=com_content&task=view&id=23& Itemid=49
  Zugriffsdatum: 22.03.2007

http://www.joomla.org/

Zugriffsdatum: 22.03.07

http://www.mambo-foundation.com

Zugriffsdatum: 22.03.07

http://www.opencms.org

Zugriffsdatum: 22.03.07

http://www.typo3.org

Zugriffsdatum: 22.03.07

http://www.aiyoota.com/

Zugriffsdatum: 22.03.07

http://www.contentx.ch

Zugriffsdatum: 22.03.07

http://www.drow.de/

Zugriffsdatum: 22.03.07

http://www.siterocket.net

Zugriffsdatum: 22.03.07

http://www.k3cms.de

Zugriffsdatum: 22.03.07

http://www.magneticone.com/PAGE-58-magneticone-site-management-cms-content-management-section.html

Zugriffsdatum: 22.03.07

http://www.noxum.com/
Zugriffsdatum: 22.03.07

http://www.omeco.de/
Zugriffsdatum: 22.03.07

http://www.computerbase.de/lexikon/Enterprise_Content_Management#Enterprise_ Content_Management_.28ECM.29
Zugriffsdatum: 22.03.07

http://lexikon.martinvogel.de/erp.html
Zugriffsdatum: 22.03.07

http://www.at-mix.de/ftp.htm
Zugriffsdatum: 22.03.07

http://www.at-mix.de/html.htm
Zugriffsdatum: 22.03.07

http://www.symweb.de/glossar/sitemap__178.htm
Zugriffsdatum: 22.03.07

http://www.at-mix.de/ssl.htm
Zugriffsdatum: 22.03.07

http://www.at-mix.de/webbrowser.htm
Zugriffsdatum: 22.03.07

http://www.at-mix.de/website.htm
Zugriffsdatum: 22.03.07

http://www.at-mix.de/wysiwyg.htm
Zugriffsdatum: